JN170959

はじめに

「インドのどこが好きなんですか?」と質問されるといつも答えに困ります。

はじめてネパールを家族で旅行したのが九歳。中学校に行かなくなって十四歳から、一年のほとんどをインドで暮らすようになりました。それから二十代半ばまで、日本とインドを行ったり来たり。本の仕事が増え、結婚して子どもが生まれ、三十歳をすぎたころから日本にいる時間のほうが長くなってしまいましたが、気がつけば二十年以上インドと付き合ってきたことになります。

だから、いまさら「インドの何が好きなの?」と質問されるのは、「奥さんのどこが好きなの?」と面と向かって尋ねられているようでとても照れくさい。好きなところはたくさんあるけど、嫌いなところも等しくあって、どうにも一言ではうまく伝えられません。それでも、あえて答えるとしたら、ぼくはインドの「人」が好きなのだと思います。

「インドは好きと嫌いがはっきりわかれる国。もう二度と行くもんかと思う人と、どっぷりはまってしまう人のどちらかだ」という定番のフレーズがあります。

インドに行ってよい思いをした人と、嫌な思いをした人の違いは、どんな人に出会い、どう触れたか、それがすべてではないでしょうか。

ぼくはよい出会いに恵まれました。嫌な思い出がないといえば嘘になりますが、思い返すとどの人も憎めません。いまではインド人を見るだけでホッとして、むやみに声をかけたくなる。彼らと話していると、自分のからだの輪郭がくっきりしてくるのを感じます。

インドの人たちは、ワイルドで大胆、力強くも見えるけど、実はぼくらと同じように悩んだり、クヨクヨしたりしています。それでも明日をほがらかに生きようとする彼らにこそ、笑わされ、泣かされ、元気づけられるのです。

この本にはインドの遺跡や観光名所はひとつもでてきません。そのかわり、ぼくがインドで暮らすなかで出会った人やできごと、忘れられないインドのかけらがぎゅっとつまっています。遠い日本に暮らしていても、彼らはすっとやってきて隣に座り、ぽんと肩を叩いてくれる気がします。

十代だったぼくが、インドの町中で見知らぬ人とチャーイを飲んでホッとしたように、この本を読んでもらえたら本当にうれしいです。

たもんのインドだもん　目次

TAILOR
lustafa & sons.
S.N.R
Geeta
TIFFIN STAND
CYBER CAF
COOL AND FAST
Shreyas
STD
ISD
BMTC

vodafone
airtel
Vinod
SUPER STORE
Ganganagar, Bangalore, Karna
UPPI

ANANDA
flesh
VEGETABLES

A. srinivasa's
Shantha
Tabla work
ICICI
BANK
ATM
24h
SRI VENKATESW
STEAL & COPPER ST

I

いさかいのない時刻

クラクションが鳴り響き、排気ガスが充満する大通り。待ち合わせ場所に向かうべくオートリクシャーを走らせる。立体交差の登り坂にさしかかった途端、エンジン音が重たく唸《うな》りだす。加速が悪い。急いでいるときにかぎって、こんなポンコツのオートに乗ってしまうなんて。何台ものバイクに追い抜かされ、ようやく下った先の交差点は大混雑だ。

まずい。このままだと約束の時間には間に合わない。

「急いでるんだ。何とかならない？」

ぼくの声に振り返りもせず、背中を向けたまま運転手はあきらめたような低い声で言う。

「……渋滞ですぜ、ダンナ」

カチリカチリ――規則正しく回る料金メーターの音が気を急《せ》かせるが、進まないものは進まない。結局、待ち合わせ場所に到着したのは約束の二十分遅れだった。ああ、なんて言い訳をしよう……頭のなかをぐるぐるさせながら、あたりを見回すが友人の姿はない。

その場で待つこと三十分。待ち人はようやく人ごみのなかから手を振って現れた。待ち合わせ時間から一時間弱も遅刻したなんて微塵《みじん》も感じさせない。ものすごい笑顔だ。

「インド人は時間にルーズなんでしょ？」と訊《き》かれることがある。それは半分は正解で、半分は間違いだ。日本でも沖縄の人は待ち合わせ時間に家を出ると聞いたことがある。たしかにインドにもそういう人は少なくない。おまけに都市の渋滞は年々ひどくなる一方で、普段なら二十分で行ける距離なのに、渋滞にはまって一時間かかった、なんてよくある話だ。

その一方で、時間にキッチリした人もいる。待ち合わせ数十分前には来る人、時間通りにいかなくていつもイライラしている人、関西でいうところの〝いらち〟な人もけっこう多い。日本人だってみながみな勤勉じゃない。インド人がみな時間にルーズな人間だと決めつけるのはずいぶん乱暴な話だと思う。

むしろ、キッチリさんとの待ち合わせで遅刻するのは、いつもぼくのほうだ。ちゃんと時間前に来てくれているのにすまないなあ、と、道すがら言い訳を考える。挨拶《あいさつ》もそこそこに遅れたことへのお詫びの言葉を並べる。相手からも「日本人なのに……！」と呆《あき》れられているかもしれない。

でも、よくよく思い出してみると、ぼくの友人の遅刻魔たちはほぼ全員、待ち合わせに遅れても謝ったり、言い訳をしたりすることがなかった。

どんなに遅れても悪びれることはまったくない。まぶしい笑顔で登場し、今日こうして会えたことの幸せをからだ全体で表現する。とめどもなくしゃべりまくる彼らのハッピーな横顔を見ていると、ぼくのほうが時間を勘違いして早く来たのかも？　とさえ思ってしまう。

こんなに待ったのに！　と不平を述べる暇もなく、気がつけばバカ話に手を打って笑う自分がいる。……もしかして、これはすごい術《すべ》ではないか⁉

そのことに気がついてから、ぼくはどんなに遅刻をしたときも、気を大きくもつようにした。相手が時間のことを言い出さないかぎり、遅れたことに触れることなく、楽しくハイテンションに振る舞う。下手をすると相手の気分を逆《さか》なでしてしまいそうだが、意外なことに、遅刻の時間が大きければ大きいほど、この方法はうまくいく。

最近、新しい時計についてのニュースを読んだ。その時計は日本の企業がつくったものながら、イスラム教のお祈りの時間や方向、イスラム暦の表示機能が搭載され、南アジアや中近東を中心によく売れているという。

昔、日本の時計会社の人たちと仕事をしたとき、インド人に必要な時計はどんなものだろうか、と考えた。

いまでこそ、スマホや携帯の普及で多くの人が正確な時間を知れるようになったが、かつて、インドの町中で正しい時刻を見つけるのは、安全な飲料水を得るのと同じくらい難しいことだった。家の置き時計も、腕時計もみんなバラバラ。頼みの綱のホテルや銀行、駅、バス停など公共交通の場ですら、数分ずつずれていた。

もちろん、すべての時計を差し替え、衛星電波で正確な時刻合わせをすることもできるだろう。だが、別の発想で新しい腕時計はつくれないか。

まず自分の家の時計と同じ時刻を設定。次に友人や駅、お店などの時計の時刻をいくつか登録する。そして、スイッチをぽちっと押すとアラ不思議！　ジジジジと針が動いて、登録したすべての時刻の平均をとった、「いさかいのない時刻」が表示されるのだ。時刻の登録数があんまり多くなると、正確な時刻にどんどん近づいてしまうので、データは少ないほうがいい。そんな時計を身に着けていれば、いつも十分遅れてやってくる友人との待ち合わせも、五分待ちですむかもしれない。こんな時計があったらちょっと欲しくないですか？　どうですか、お客さん。

これって突飛《とっぴ》な話ではなくて、実はみんな似たことを日常のなかでやっているんじゃないかな。

遅刻を悪びれなくなってから、ぼくは友人たちに「いつも待ち合わせに遅れてくる人」と認識され、あらかじめ早めに待ち合わせ時間が設定されるようになった。

ぼくも、遅刻の多い人と会うときはすこし遅く家を出て、時間に厳しい人ならばすこし早く家を出る。

もしも、昔の映画やドラマのなかに携帯電話が存在したら、ほとんどの物語はなりたたなくなる、と言った人がいた。時計も同じ。ぼくらは「正しい情報」というものにとらわれるあまり、もっと豊かな物語や、予期せぬ出会いを見逃しているのかもしれない。

わが愛すべきインドの友人に、超ド級の遅刻魔がいる。彼が約束通り登場することは、一〇

○パーセントありえない。

「明日の昼、君ん家《きみち》に行くよ」と向こうから電話があって約束したのに、時間通りにはまったく来ない。待ちに待たされ、現れたのは二日後。こんなことならば、約束なんかしなくてもいいんじゃないかと思うが、それは言わないでおこう。

二日遅れでやってきても、彼は

「やあ、元気だった？　ご飯は食べた？」

なんて、町でばったり会ったかのように接してくれるのだから。

彼とその家族とは長い付き合いになる。一家が代々守ってきたヒンドゥー寺院で、ぼくら夫婦の結婚式をとりおこなってくれたことは忘れられない。早朝から儀式がつづき、ご飯も三食ゆっくり食べ、お色直しも数回して、みんなで昼寝もした。だれも時計なんて見てないんじゃないか、と思えるほど、式次第はのんびりと進んでいった。

「予定通りにいかないのが予定通りだよ」

式に出席してくれた村のおじいちゃんが耳元で言った。

「だが、花婿《はなむこ》が花嫁にマンガラスートラ（結婚首輪）をつける瞬間だけは、ちゃんと間に合わせなくっちゃな」

それはインド占星術から導き出された「結婚するにはもっとも幸運な月日と時刻」で、一生のなかで、誕生や、亡くなるときと並んで重要な時刻だという。いままでのデタラメさはなんだったんだろう、と思うほど、みなその時刻にだけは神経を集中させていた。

遅刻魔の彼は、式の途中もちょこちょこ雲隠れしていたが、式のクライマックス、マンガラスートラをつける瞬間には、まるで遠方から駆けつけた兄弟のような顔ぶりで、額に汗をにじませてひな壇《だん》に飛んできた。その姿を見て、ぼくは思わず目頭を熱くしたものだ。

しかし、ここまで書いて気がついたが、あのとき進行を取り仕切っていた彼のお父さんの腕時計は、はたして正しい時刻をさしていたのだろうか。いまとなってはだれにもわからないけど、まあ、いいか。

人ごみ

十代のとき、日本の街の人ごみが苦手だった。横浜でも渋谷でも、人が多い場所は比喩《ひゆ》ではなく息を止めて、早足で歩いていた。でも、インドの街は好きだった。人口密度だけで言えばインドもなかなかすさまじい。なのに、日本の人ごみのような窮屈《きゅうくつ》さを感じることがなかったのはなぜだろう。

渋谷のスクランブル交差点に立ち止まって、人を見ているとくらくらする。これだけ大量の人が四方八方行き交いながら、それぞれが極力干渉しないようにしているのは、計算されたマスゲームのようにも見える。あの店へ買い物に行こう、何時にだれと待ち合わせ……みんなそれぞれの目的に向かって歩いていて、脱線する人はあまりいない。

友だちにそう打ち明けると、

「当たり前じゃん。じゃないと、人ごみなんか歩けないよ！」

と言われた。なるほど、人ごみが人の動きをつくってるのか。いや、人の動きが人ごみをつくっているのか。卵か鶏どっちが先か、みたいな思考にはまって、うえっとなる。

そういえば、インドの街中には、目的をもたずにぶらぶらしている人がとても多い。昼間から仕事もしないでぼんやりしているおじさん、なにを買うでもなく店先で話しこんでいるおばちゃん、バス停のベンチに根を生やして新聞を読むおじいさん、売る気があるのかないのかわからない風体で品物を並べる露天商《ろてん》……。路上で人間観察をしているだけであっという間に時間が過ぎてしまう。

立体交差の工事現場をぼんやり見ているおじさんがいる。もうもうと立ちこめる土埃《つちぼこり》、パワーショベルやタンクローリー、こまごまと働く工夫たち、交通整理の警察官……。視線の先はわからないが、彼はガードレールに片肘《かたひじ》をつきながら、何時間でも飽きることなく工事現場を見ている。視線をうつすと、ちょっと後ろにこれまた暇そうな兄ちゃんが立っていて、工事現場を見るおじさんをぼんやり見てる。おじさんを見て楽しいことなんてないはずなのに。

ふと背後に視線を感じる。振り返ると、そこにはおじさんたちを観察するぼくを、観察するおじさんがいる。思わず、目が合う。あ、ぼくも見られていたんだ。照れ隠しに笑みを返すと、人なつっこい笑みを浮かべながら近寄ってくる。

「中国人かい？」

「ナマスカーラ（こんにちは）、日本人だよ」

ぼくがカンナダ語で答えると、おじさんは「カンナダ語がわかるのか！」とにわかに色めき立ち、たちまち質問攻めになる。

「インドはどうだ？」「学生か？　働いてるのか？」「結婚しているのか？」

そして、数分後にはなぜか近くの食堂で一緒にコーヒーを飲んでいる。いい暇つぶし相手が見つかったとみえて、おじさんの話は止まらない。食堂のレジのじいさんは、その一部始終を見ていて、話しかけるでもなくニヤニヤしている。不思議な距離感だ。大したことは何ひとつしていないのに、おじさんたちとぼくの間にジジジと見えない線が結ばれる。

街のなかにいつでもだれでも腰をおろせる縁側がある。目的はあってもなくてもかまわない。たったそれだけのことで、からだがすっと楽になる。どんなに大量の人がいてもあまり息苦しくならない。きっと、人ごみのせいじゃない。人との距離感のおかげで、自分のからだのありようがまるで違う。

ぼくの好きなインド映画にこんな歌がある。ちょっとシュールだけど、妙に記憶に残っていて、インドの街を歩いていると、つい口ずさみたくなる。

山羊《やぎ》がいる
女神に捧げる山羊がいる
山羊を屠《ほふ》る男がいる
女神の目に男が映る
男の目に山羊が映る
それが村人たちの目に映る
女に髭《ひげ》は生《は》えない
獅子《しし》は草を食べない
いくら金があったとしても
死んでしまえば泥と同じ

インドの社会は、ときに人との距離が近すぎて、暑苦しい。合理的、計画的に物事を進めようとする人にはストレスになる。お節介《せっかい》がすぎて、面倒くさいことにもよく巻きこまれる。

ここで人とぶつからずに一日を終えることは不可能に近い。だが、それを避けてしまえば、泥と同じ。何も得るものはない。この先、どんなにインドが経済発展して、都市の姿が変わっていっても、この距離感だけはなくならないでほしい。

悩ましきお土産

インドに行くとき、いつもお土産選びは悩みの種だ。

日本を出る前のバタバタしているときに、友だちリストをにぎりしめ、一〇〇円ショップやスーパー、無印良品、和小物の店をハシゴする。それでも買い漏《も》らして空港で買い足すこともある。

お土産なんてなんでもいいんだけど、「この人にはこんなのがいいかな」と想像する時間が、しばらくぶりの友人たちとの距離を縮めてくれる気がして、出国前の通過儀礼のようにつづけている。

お土産のセレクトは都市か田舎か、金持ちか中産家庭か、相手の生活環境によって微妙に変わる。インド人的視点も必要で、和風な置物や季節感のある小物などいかにも日本みたいな品は、一部の親日家をのぞいてあまり喜ばれない。ワビサビ的なお土産よりも、日本ならではのアイデア商品や、何気ない日用品のほうがいいリアクションが返ってくる。

二十年ほど前、インド旅行者の定番のお土産と言えば、ボールペンと一〇〇円ライターだった。どちらも日本製。インド製のペンはすぐインクが目詰まりするし、ライターも値段が高い割によく壊れた。空《から》の使い捨てライターに無理矢理ガスを補充して路上で売る輩《やから》もいた。

だが、いまは質のいいペンも安く手に入るようになったし、ライターも目新しいものではなくなった。それでも、日本の文房具には注目すべき製品がたくさんある。書いても消せるフリクションペン、針なしホチキス、マスキングテープ、かわいい付箋《ふせん》やクリップ……。とくにフリクションペンはインドの文具店でも見かけるようになってきているけれど、まだまだテッパンのお土産だと思う。インドでは学校のノートや宿題に鉛筆ではなくボールペンを使うことが多いので、子どもや学生にはウケがいい。「これは手紙を書くときや、新聞のSUDOKU（数独）を解《と》くときにいいね」と年配層も喜んでくれる。

ペットボトル用スポンジも思いのほか好評だ。豆や小魚の形をしたスポンジのなかに、セラミックボールが入っていて、空ボトルにスポンジと水を入れてシャカシャカ振るだけで、ボトルのなかがピカピカになるというもの。インドの一般家庭では、湯冷ましをボトルに移しかえて飲む。ところが多くの土地では水に石灰《せっかい》質が多く、乾燥するとボトルが白くなってしまう。

口のせまいボトルをきれいに洗うのは難しい。そこでこのスポンジ登場。デパートの実演販売よろしく台所で洗い方を見せると歓声があがる。料理好きのお母さんに切れ味のよい日本包丁をあげたこともあったが、スポンジのほうが愛用してもらえたようだ。

スーパーで買えるお菓子のなかでは、サクマ製菓の飴《あめ》「いちごみるく」が人気。タブーにひっかかりそうな原料をつかっていないので、ヒンドゥー教徒の菜食主義者、イスラム教徒にもOK。インド菓子は八割がたが乳製品をつかったものだから、ミルク系甘味はおなじみの味。サクサクの食感、なかの甘酸っぱいイチゴの二段階。飽きがこない。田舎の村に行ったときや親族が多い家に招かれたときのためにも、一袋買っておくと安心。

あとは人それぞれ。バイク好きの若者には、「走り屋」と書いてある漢字ステッカーをあげる。「Crazy Driverって意味だよ」と教えると喜んで愛車に貼ってくれる。金持ちのマダムには鳩居堂《きゆうきよどう》の折鶴ピアス。繊細で手作り感があり、和風で煌《きら》びやか。一四〇〇円也。アクセサリー大国のインドでもまず手に入らない品だ。

上流家庭では価値観が一回転していたりして面食らう。某外資企業のお偉いさんのご主人に「日本から買ってきてほしいものある?」と訊いたら、「畳が欲しい。畳を敷いて地べたに座れるリビングをつくりたいんだ」と言われた。さすがに畳は運べないけど、彼には草鞋《わらじ》を贈ったら喜ぶんじゃないかしら。

失敗した！　というお土産は星の数ほどあるが、ひとつだけどうしても忘れられない出来事がある。

お世話になっているファミリーの男性陣に京都の足袋《たび》型靴下をプレゼントしたときのこと。渋い和柄からポップな色合いまでデザインも幅広く、指が分かれている靴下は素足暮らしのインド人にも心地よいだろうと想像できた。

ところが、靴下を家長のお父さんに渡してから、足元を見て、ぼくはアッと固まってしまった。

インドではけっこう多いことなのだが、彼は生まれながら手足の指の数がぼくらとは違っていた。はじめて出会ったときはぎょっとしたが、あまりにも自然に暮らしているので、いままでは気にもとめなくなっていた。

二股に分かれた足袋型靴下は履《は》けそうにない。ぼくは青ざめて彼の息子に詫びた。

「ぼくは考えもなしにあんな靴下をあげてしまった。気を悪くしたり、怒ったりしないだろうか」

息子はすこし考えたあと、笑ってぼくの肩を叩いた。

「うん。きっと履けないだろうね。でも、ぼくの父さんはクールなオヤジさ。そんなことで気を悪くしたり怒ったりなんてしない。君が日本からわざわざ持ってきてくれたお土産じゃないか。それだけで嬉しいよ」

ぼくは思わず泣きそうになった。

ささいなものでも場違いなものでも、最後はみな笑って喜んでくれる。手で渡せるお土産なんて挨拶みたいなもの。ほんとうのお土産はぼくらそのもので、彼らそのものなのかもしれない。

ものすごく親しくて、ありえないほど近い

インドの街を歩いていると、ときどきギョッとする光景を目にする。立派な髭をたくわえた恰幅《かっぷく》のいいおじさん同士が、手をつないで歩いているのだ。男女関係に保守的すぎる反動で、インドにはゲイがいっぱいいる、という噂を聞いていたので、やっぱり……と思ったら、どうもそういうわけではないようだ。手をつないで歩いている人たちは、男×男のほかに、女×女の組み合わせもある。友だちに尋ねると、性的な関係があるわけではなく、普通に友情のあらわれだという。

これはぼくには無理！　と思っていたが、インド生活をつづけるうちに、男友だちと肩を組み、手をつないで歩けるようになった。そういうもんだ、と慣れてしまえばなんてことない。

オートリクシャーに乗っていて目に埃が入ったとき。隣に座っていた友だちが無言のまま、両手でぐっとぼくのまぶたをおさえ、顔を急接近させてきた。ナニコレ!?　と固まってると、鼻先二センチぐらいのところから、唇をとがらせぼくの目玉をフーフーと吹いている。これに

はびびった。

息で目のゴミがとれたためしはなかったが、同じような光景は映画のシーンでよく見かける。こちらも仕草としては特別な意味はないようだ。

公的な場所では、異性との距離は常に保たれている。お寺によっては男女別の入口や行列があるし、バスや電車の女性専用席も昔から当たり前のシステムだ。

だが、ひとたび同性となれば遠慮はいらない。バスや電車の席にちょっとでも隙間《すきま》があれば、入りこんでくる人がいる。まるで何十年来の幼なじみのような顔で、すっと入ってきて、ペタッと横にもたれかかる。なんとも絶妙だ。

一度気を許したら、あとはズブズブ。ちょっと詰めてよ……とすこしずつ押され、一〇センチほどの間が一人分の席となり、気がつけばその隣にも人がしれっと座ってる。一人席に二人、二人席に五人はいける。いまだに田舎では、人がたくさん乗れる車が重宝されて、五人乗りのワンボックスから二〇人を超える人がドバドバ降りてくる。乗り合いバスでは、お客の膝の上に他の客を座らせ、折り重なった超密着状態のまま輸送される。

東京の満員電車に迫る人口密度だが、不思議と日本のような息苦しさはない。できるだけ他の客とかかわらず、別のことを考え、目も合わせずにいる満員電車とはだいぶ違う。もちろん外国人への好奇の目もあるが、みな親しく話しかけてきて、何かしらかかわりあいをもとうとする。

「パーソナルスペース」という言葉がある。他人にふみこまれると不快に感じる空間のことだ。嫌悪感の半径といってもいい。その範囲は親密な相手といるときは狭く、そうでない相手に対しては広くなる。親しい友だちとは肩を並べられるが、嫌いな人とは同じ部屋にもいたくない。

しかし、つい最近まで、ぼくはこの言葉の意味を真逆に取り違えていて、「パーソナルスペース」は、自分が楽でいられる半径のことだと思いこんでいた。いわば愉快の半径。満員電車のなかなど居心地が悪いときはギュッと狭いけど、友人の家や居心地のいい店ではぐんと広くなる。気が大きくなる／小さくなるという日本語にも似た感覚だ。

その解釈でいくと、インド人のパーソナルスペースはかぎりなく広く、道路の向こう側を歩いている見知らぬ人とも、すぐにでも話しはじめられそうだ。

人はそれぞれ大小の円をもっていて、他人と近づくと円が重なる部分が生まれる。そこではじめて他人同士が触れたり、話したり、つくったりできる。どんなに理想やシステムがあっても、集まった人の円が小さく、重なる部分がないと何も生まれない。「パブリック」って、だれかが用意するものじゃなくて、そういう重なり合いの空間のことじゃないかしら。

インド人の家に招かれると、挨拶もそこそこに家のなかを案内してくれることが多い。ここが寝室だよ、ここがお風呂、お祈りの部屋……と隠さず見せる。年ごろの娘さんの自室もおかまいなし。バーンとドアを開けられて、こっちが戸惑うくらいだ。

ひと通り部屋を見終わったあとにリビングに戻り、一緒にお茶を飲む。

はじめは単なる家の自慢だと思ったが、そうじゃない。このお宅拝見タイムがあると、無意識に自分の半径が広がって、その家の居心地がよくなる。なにせ、はじめて来た家なのに、台所にどんな鍋が並び、娘さんがいま何しているのかまでわかってしまうのだ。自然と気持ちがゆるみ、ほっとしておしゃべりを楽しめる。このなめらかさは、電車の席の隙間にスルリと入りこんでくる、あの絶妙な間とも似ている。

ぼくは「空気を読めない」という言葉が嫌いだ。空気を読めない、とだれかを批判する人ほど、愉快の半径が狭く、余裕がないように見える。

インド人の距離の近さの前には、空気を読むも読まれるもない。ちゃんとお互いのからだの輪郭がわかれば、多少唐突な入口であっても、不思議とリラックスして話ができる。なれなれしくて疲れることもあるけれど、これでいいのだ、と思わせるいきおいがある。ときには相手のパーソナルスペースをこじ開け、空気をガラッと変えてしまう。

ただ、この近すぎる間合いのせいで起きる面倒ごともある。

「ピンポーン」

休日の朝からだれだよ、と玄関から顔だけ出すと、近所の人が、家を見せてほしい、という。

えっ？　いまから？　あまりの唐突な訪問にポカンとするが、相手はまったく気にしていないようだ。

仕方なくねぼけ眼《まなこ》で、

「こちらが寝室で、あっちが台所で……」

と案内する。部屋をひと通り回り終え、いったい何なんだろう、と思いながら、リビングで一緒にお茶を飲む。どうやらほかに用事らしい用事はないようだ。日本ではありえないことだが、呆れるのも通り越し、この大胆さがうらやましくなる。

停電の夜に

ゴロツキたちをばったばったとなぎ倒し、砂埃にまみれた主人公が列車の屋根を走っていく。

「これを見ろ！」

人質のヒロインが悪の親玉に羽交《はが》い締《じ》めにされる。立ち止まる主人公、こめかみに汗が流れる。助けられるかどうか。音楽とともに高鳴る鼓動。……と突然、スピーカーの音がゆがみ、スクリーンがブラックアウト。天井の扇風機も鈍い音を立てて減速する。よりにもよって、こんな手に汗握るシーンで停電なんて！

「続きを見せろ！」とヤジが飛ぶ。指笛を吹いたり、言葉にならない怒号をあげたりする人もいるが、大半の客は落ち着いたもので、隣の人とおしゃべりして再開を待っている。ぼくも物語の続きが気になって仕方ないが、みなに倣《なら》って平常心を装い、気の抜けたスプライトをストローですすって待つ。暗く、なまあたたかい館内で、妙に懐かしい心持ちになっている。

インドは停電が多い。

バンガロールでは、九〇年代のように何日も電気が戻らないことは少なくなったが、数時間の停電はいまだに日常茶飯事だ。原因はさまざま。雨が少なく水力発電所が止まることもあれば、モンスーンの嵐で送電線が寸断されることもある。近所の電柱の中継器のショートや故障、電気工事のミスも考えられる。国際的な催しや、大きな政治集会がある前日は電力を蓄えるために電気を止めるらしい、という噂も耳にしたことがある。

わが家では停電になったら仕事を中断せざるをえない。ノートPCのバッテリーがもつまでやることもできるが、仕上げたデータを日本に送れないかもしれない。同じ町内にある地元プロバイダーや、回線の中継地となっているビルが停電していたらネットはつかえないからだ。

はじめのころは、日本からの催促電話も重なり、いつ復旧するのかイライラしたけれど、そのうち停電のときは休憩タイムだと思うことにした。焦らず、台所に行き、お茶をいれ、お気に入りのロッキングチェアで本でも読む。ついウトウト眠ってしまい、目が覚めたら電気が戻ってた、なんてことも。

日が暮れてから停電になったときは、懐中電灯を片手にゴソゴソとろうそくとマッチを探す。ようやく見つけて火をつけると数秒もしないで電気が戻る。なーんだと拍子抜けしてろうそくを吹き消した次の瞬間、また真っ暗に……とコントみたいなことも起きる。送電所に悪ガキが侵入して、スイッチを切ったり入れたり遊んでいるんじゃないかと思うほど細切れな停電もあって、いちいち真面目に対応するのが馬鹿らしくなる。

二〇〇三年、ニューヨークで大規模な停電があった。この一件のあと、ニューヨーク市はインドに職員を派遣し、どのように停電に備えているのか視察したという。

インドの都市のオフィスビル、ショッピングモールには発電と充電のシステムが設置されていて、停電になってもすぐ予備電源に切り替わる。スムーズで、停電になったことさえ気がつかないほどだ。個人の家でも、液晶テレビや大型冷蔵庫などの家電と同じような感覚でUPS（無停電電源装置）が一般化してきた。パソコンやテレビの購入と一緒に小型のUPSをおつけします、安くしますよ、と家電店の店員がカタログを広げる。そんなに裕福な家でなくとも、充電式ランプやガス式ランタンなど予備の灯りは常備しているものだ。手回し発電機付きライトもよく見かける。

エレベーターは昔ながらのアコーディオン型鉄格子《てつごうし》のドアが多く、万が一、停電で止まっても手動でドアを開けて脱出できる。エスカレーターは停電でなくとも利用客が少ないときは電源をオフにしている。

こうした小さな備えの積み重ねの上に、停電に強い都市はつくられる。そこで暮らす人のなかには「停電になってもなんとかなる」という、ドーンと構えた心の余裕があるように見える。気持ちで電灯がつくわけではないが、停電だからお茶にしようっか、とさらっと言える友人をかっこいいなぁ、と思う。

南インド西海岸の漁村にホームステイしていたときのことだ。友人一家は村の小学校を運営していて、その日の晩は、翌朝のお祭りで子どもたちに配る菓子を家族総出で袋詰めしていた。ぼくも手を油と砂糖でベトベトにしながら手伝っていると、前触れもなく停電になった。まわりは畑ばかり、もちろん街灯もない。上も下もわからないほど、まったりとした闇に包まれ、虫の声しか聞こえない。お手伝いさんが手探りで奥の部屋に行き、ゴロンゴロンとガス式のランタンを持ってくる。手早くマッチをすり、明かりを灯す。暗闇にみんなの笑顔がぼんやり浮かぶ。

やさしい薄明かりのなか、一家のお母さんがおもむろに歌いだした。民謡歌手でもある彼女の歌声は石造りの居間によく響く。叔父さんが椅子《いす》を叩いて合いの手を入れる。一曲終わるとまた一曲。お父さん、息子や娘、手伝いのおばちゃんも加わって、のど自慢大会がはじまってしまう。民謡、ヒンドゥー教の賛歌、映画の歌、なんでもござれ。菓子の袋詰めも忘れ、やんややんやの手拍子だ。

さあ、次は日本の歌を！　とぼくにリクエストがとんでくる。最初は断るが、みんなのノセ上手と薄暗さも手伝って、童謡をいくつか歌う。日本の歌を気に入ったお母さんが真似をして歌いはじめる。さすが。いま聴いたばかりなのに、とってもうまい。

夢のような夜がふけていく。畑と椰子《やし》の林を通り抜け、なまあたたかい風が歌声をどこかへ運ぶ。牛蛙《うしがえる》もグェーと合いの手を入れてくる。

どのくらいたったろう。前触れもなく、ふいに電気が戻ってきたとき、みんなの口から思わず、あーあ、とため息が漏れた。にわかのど自慢大会はおひらき。もっと停電がつづけばいいのに、と思ったのはぼくだけじゃないようだった。


インドは電力不足を理由に、今後四〇基を超える原発の建設を予定している。日本政府はインドに原発を売りたい一心でセールスに躍起《やっき》だ。これには国内外から反発の声があがっているが、日本ではあまり報じられない。

インドの場合、単純な電力不足だけではなく、インフラの不備で多くの電力が送電中に失われている、という調査結果もある。太陽光発電への政府の助成も盛んで、大規模な太陽光、風力発電のプラントも各地に新設されている。次世代エネルギーを研究する学者も少なくなく、なかには牛糞から発生するメタンガスで電気をつくる研究施設もあるそうだ。

そもそも、インド人は施設や建物の保守管理が不得意だ。過去にインドの原発では、使用済み燃料の一部を普通のゴミ箱に捨てる、発電所に不満を持つ作業員がトリチウムを飲料水に入れる、所内の壁を塗るペンキを重水で溶く、というわけのわからない事故も起きている。なにかと人の手がかかる原発はさっさとあきらめてもらって、もっとおおらかに扱える発電所が増えるといいな、と思う。

エネルギーのことはインドから学べ。いつかインドのギラつく太陽からつくられた電気が日本に輸入される日も来るかもしれない。

D. NARAYANA
GOVT. HOMEOPATHIC

II

皿のなかの自由

子どものころ、インド料理が苦手だった。

インド帰りの父がスパイスにはまり、台所はなかば実験室。来る日も来る日もカレーが出され、香辛料の匂いを嗅《か》いだだけで気分が悪くなった。純和風のカレーライスは食べられるが、すこしでもスパイスが主張するとダメ。インドに行っても、中華料理やチベット料理ばかり食べていた。

だが、いまでは、インドの楽しみの半分以上は食べ物が占めている。あちこち食べ歩きをするわけではないが、お気に入りの店ができるとすべてのメニューを制覇したくなる。友だちの家でごちそうになっても、気になる料理があると根ほり葉ほりレシピを聞く。十歳のぼくが、いまのぼくを見たら、その変わりようにたまげるだろう。

ぼくはインドで何を食べてきたんだろう。記憶をたぐりよせると、料理そのものより先に、まず人の顔が浮かぶ。

十代のときに暮らしたアーンドラ・プラデーシュ州はインド一料理が辛いことで有名だ。どの料理にも唐辛子がニョキニョキ顔を出し、まさにインド人もびっくり。「こんな辛いもん食えるか」と怒り出す他州出身者もいる。

そのころお世話になっていたドクターの料理はものすごかった。よく弁当持参でわが家に遊びに来て、世間話をしながら昼飯を一緒に食べた。弁当のふたをあけると、スパイスが煙くて眼がチカチカした。こわごわ分けてもらうと、あまりの辛さに変な笑いがこみあげてくる。しかし、ドクターの子どもたちはまだ小学生なのに、この激辛料理をぱくぱく食べ、辛いと騒ぐぼくを笑っていた。さすが赤ん坊のときからスパイス入り母乳で育っているから、鍛え方が違うんだ、と思ったが、そうではなかった。よく観察すると、たくさんのご飯に汁ちょっと、白米がうっすら色づく程度のバランスで混ぜて食べている。真似して食べてみたら、たしかにそんなに辛くない。むしろ、辛みの奥に隠れていたうまみや香りが立ち上がってくる。皿の上で味を調節し、まぜご飯をつくっている感じだ。

アーンドラ南部はカラカラに乾いた土壌で、農業にとって豊かな土地とはいえない。塩辛酸《しおからす》っぱい彼らの料理は、たくさんの家族のお腹を満たすため、自然と生み出されたものなのかもしれない。その食べ方に気がついてから、食事はぐっと楽しくなった。

インドは辛いものばかりではない。その後、引っ越したお隣のカルナータカ州の料理は、南インドでもっともやさしい味と言われていた。野菜や豆の味を生かす控えめなスパイスづかい。ジャグリー（粗糖）をみりんのように使い、甘みとまろやかさを加えることもある。

アーンドラから遊びに来たドクターは「なんてメリハリのない味なんだ。野菜をゆでただけみたい」と物足りない顔をした。

カルナータカ西海岸の小さな村に遊びに行ったとき、お寺の神官の家で昼飯をごちそうになった。奥さんは突然の来訪にも嫌な顔ひとつしない。季節を感じさせる野草のおかず、やさしい味わいの豆のスープ、手づくりの揚げせんべいや漬けもの、皿の端に添えられたほろ苦いチャットニーは庭のハーブとココナッツをすりつぶしたもの。素朴な、でも丁寧につくられた家庭料理の味にホロリ。これなら毎日食べられる。

家は田んぼと椰子にぐるりと囲まれ、窓からは風に波打つ青々とした稲の海が見える。静かで美しいその風景もふくめて、ごちそうだった。

「インド音楽ってどれも似た感じに聞こえる」

と言われたことがある。彼はクラシック音楽誌の編集者で耳の良い人だったから、その感想は意外だった。逆にぼくの耳にはクラシック音楽のほうがどれも似た感じに聞こえていた。

きっと耳が慣れていないのだろう。ラジオの周波数みたいなもので、つまみを回し、ノイズの波を行きつ戻りつしているうちに、あるときバチッと放送が入る。

味覚も同じ。スパイス天国で育ったインド人には、和食の微妙で淡い味つけがわからない。醤油とダシの国で育ったぼくらには、インドの複雑な香りの世界がわからない。でも、何度も食べていくうちに、味覚の幅は広がっていく。

「インド人って毎日カレーでよく飽きないね」

と日本人に言われるたびに、なんて野蛮な言い方なんだろう、と思う。

唐辛子にはいろんな種類があって、香りや甘み、うまみがひそんでいる。スパイスの香りにはレイヤーがあり、食べる前、口に入れたとき、食べているとき、食べ終わった後、それぞれ違うタイミングで香りが広がる。米、豆、雑穀を駆使した主食もいろいろ。インドの食を知れば知るほど、その豊かさに圧倒されてしまう。

二十数年にわたる怒濤《どとう》のインド料理攻めで、ぼくの舌はすこしずつチューニングされていった。みなと同じものを食べ、これおいしいね！　といえる時間が増えていけばいくほど、街はぐっと立体感を増し、より親密に人と付き合えるようになった。

十七歳のころ、生まれてはじめてインド人の友だちの家に泊まった。その家のお母さんは料理上手で、家族もみな食いしん坊だった。ヒマラヤ山脈のようにうず高く盛られた飯に、次々に注がれる色とりどりのおかずたち。曼荼羅《まんだら》のようになった皿を前に、

「たくさんおかずがあるけれど、どれをどの順番で食べたらいいの？」

と訊くぼくに、お母さんは笑って答えた。

「あなたのお皿はあなたの宇宙よ。順番なんてない。好きに混ぜ、食べなさい。人生を楽しみなさい」

皿のなかの自由。なんて美しい言葉だろう。ぼくは感激し、ガツガツと夢中で食べた。

その姿に喜んだお母さんは「遠慮しないで」「もう一口どうぞ」とおかわりを盛ってくれる。いくら断っても、笑顔のまま、その手は止まることを知らない。はち切れんばかりの腹を抱えて、ぼくはテルグ語で叫んだ。

「ほんとうにお腹いっぱい！」

あの日から十六年。「お腹いっぱい」という台詞だけは、いろんなインドの言語で言えるようになったが、それでもやっぱり食べ過ぎてしまう。「おかわりを断る自由」を得るには、もうすこし修行が要りそうだ。

酒が飲めるぞ

夜の州境チェックポイント。車を一台ずつ止め、ライフル銃を持った警察官が検問する。トランクが開けられ、後部座席に懐中電灯がギラッと照らされる。ぼくらはなかば狸《たぬき》寝入り。

「申告するものはあるか？」

「サー、とくにありません」

警官とタクシー運転手のやりとりが聞こえる。

ぼくの座席の足下には瓶ビールが数本。隣州の酒屋で買ってきたものだ。当時は州をまたいでのアルコール類の持ち込みは禁止されていた。見つかったらやっかいなことになる。音をたてないように、じっと息をひそめる。

「うむ。行ってよし」

警官が合図をだすと、丸太のような遮断機があげられ、車が進む。無事越境だ。

ほっとして家につき、冷蔵庫でビールとグラスをよく冷やす。

いざ乾杯という段になって、肝心の栓抜きがないことに気がつく。テンションは最高潮。もう後には引き返せない。無理矢理マイナスドライバーで栓をこじ開けると、瓶の口が砕《くだ》けてしまう。ガラスの破片がなかに入らないように気をつけながら、ビールをグラスに注ぎ乾杯。暗い室内でちびちび楽しむ。ご禁制の品をこっそり楽しんでいるのだと思うと、インドのビール、キングフィッシャーがいつもよりずっと美味い。

そんな苦労を重ねて酒を飲んでいたのはアーンドラ・プラデーシュに住んでいたころの話。二〇〇〇年から引っ越したバンガロールの街中には、だれもが自由に酒を買える酒屋やバーがたくさんある。

かつてインドでＢＡＲ（インドふうにバールと発音したい）というと、日本の居酒屋のようにおおっぴらに飲み食いできる場所ではなかった。入口に鉄格子に囲まれた酒屋があり、汗臭い荒くれ男たちがたむろしている。血走った目のじいさんが、鉄格子の間にシワシワのルピー札をねじこんで、ガラガラ喉を鳴らしながら酒を注文する。

立ち飲みする男たちは酒ならもう何でもいいという風情で、一番安いインド製ウイスキーの小瓶をラッパ飲み。あとはデカい水さしを持ち上げ、口をひらき、ぬるい水をダクダク胃に流しこむ。けして酒に強いわけではない。安く手っ取り早く酔いたいだけだ。

酒屋の奥には羊小屋のように低い塀で区分けされた部屋がある。照明は暗く、顔なじみが来ていてもまず気づかない。つまみはナッツや生玉ねぎなど簡素なもの。おやじたちが伏し目がちにウイスキーのソーダ割りやラムコークを黙々と飲んでいる。

しかし、世界有数の売り上げを誇るビール企業UB社や、インドを代表する絶品のラム酒オールドモンクの工場があることでも有名なバンガロールには、植民地時代からつづくエレガントなバーや会員制クラブ（女性がつくような店ではない）があり、最近は若者たちでにぎわうテラス形式のカフェバーなど、さまざまな店が存在する。

昼間からキンキンに冷えたビールをピッチャーで飲める店もあるし、一見食堂ふうながらラギー・ムンデ（雑穀のだんご）とマトン・カレーをつまみにラム酒を楽しめる粋《いき》な店もある。他州の人に比べて押しが弱く、シャイな性格の人が多いといわれるカンナダ人も、酒を飲めばすこしずつうち解けてくる。男はだまってキングフィッシャー・ビール、という気風がバンガローリアンの酒飲みにはあるようだ。

彼らが好んで口にするのはビール、ウイスキー、ラムなど。ウイスキーもロックではなく、ソーダやペプシで割る。ウォッカ、テキーラは新参者ではあるが、若者を中心によく飲まれるようになった。

ベジタリアンであっても酒を楽しむ層がいて、玉ねぎも食べない厳格な菜食家庭に育ったお嬢さんが、

「じゃあ、私はテキーラ。ライムもつけてよ」

なんて慣れた感じでオーダーしている姿を見ると、おお、さすがバンガロール娘！　と胸が躍《おど》る。

一昔前までは酔える酒じゃないと鼻で笑われていたワインも、近ごろは女性の間で市民権を得てきていて、健康にもいいのよ、と食前に赤ワインを召し上がるマダムも少なくない。

国内の高地でとれたブドウでワインをつくるメーカーも増え、海外への輸出も積極的だ。

しかし、依然として酒の飲み方がひどいインド人も多い。神社でも酒が飲める日本や、子どものころからウォッカを飲むロシアなどの飲酒文化とはそもそも比べようもないが、酒に弱いくせにバカスカ飲んでは騒ぎ、まわりに絡《から》んだり、失態をしでかしたりする大人の男たちを何人見てきたことか。

だが、ケーララ州の友人の家にホームステイしたときは、とてもハッピーな酒を飲めた。

南インドのアラビア海沿岸部は見渡すかぎりの椰子林。料理にもココナッツをよく使う。土地の酒トディも椰子からつくられるという。

ぼくもその酒を飲んでみたい！　と友だちに告げると、

「よし、明日の朝買いに行こう」

という話になった。

ん？　朝から買いに行かなきゃならないほど店が遠いの？　と首をかしげたが、そうではなかった。トディは、夜、シュガーパームやナツメヤシの茎や花を傷つけ、したたり落ちた果汁を壺《つぼ》にためてつくる。壺にたまった汁は空気中の酵母とともにゆっくり自然発酵し、一晩かけて酒になる。つまり一番おいしいフレッシュなトディは朝できあがるのだ。

翌朝、友だちのバイクに二人乗りして近所のトディ屋に行くと、おやじたちがポリタンク片手に列をなしていた。こんな朝っぱらから、なんてダメな大人たちだろう！　同じくダメダメなぼくらも、持参した空のペットボトルに数本分のトディをつめてもらい、ホクホク顔で家に戻る。

友だちと二人、庭の木にひっかけたハンモックでくつろぎ、トディで乾杯。白濁しているが透明感もあり、細かい泡つぶがプチプチとグラスの表面に昇っていく。香りはよく熟《う》れたココナッツジュースのようで、ほんのり甘く飲みやすい。アルコール度数も低く、味わいは日本のどぶろくに近い感じ。朝の庭に集まる鳥たちのさえずりが肴《さかな》。風も涼しく心地いい。いくらでも飲めそうだ。

トディは時間とともに発酵が進み、昼すぎには酸っぱくて飲めなくなってしまうから、全部飲まなきゃもったいないよ、と友だちが言う。彼も大の酒好き。おたがいのグラスに水のようにドバドバついでは、二人でひたすら飲む。たらふく飲んでハンモックでうたた寝。なんたる幸せな時間！

こんなふうに書くとインド人は毎日飲んで暮らしているように聞こえるかもしれないが、それは一部の人たち。まだまだ社会的には酒と煙草は悪だ。近ごろの映画館ではスクリーンに酒がチラッと映っただけで、「飲酒はあなたの健康を害します」と左下にテロップが出る。インドの酒屋では酒を買うと、ちゃんと黒いビニール袋に入れてくれる。まわり近所の目があるからだ。

ぼくも日本に帰ってきたというのに、かつての習慣が抜けない。スーパーで酒を買うとき、近所のインド人や、イスラム圏の南アジア人にばったり出くわしてしまわないか、ドキドキする。缶ビールは買い物かごの一番下にそっと置き、上に野菜などをのせてカモフラージュ。会計が済んだら、あたりを見回し、不透明のエコバッグにさっと入れる。

日本に長く暮らしているインド人はもうそんなこと気にしない、と頭ではわかっているつもりなのに、からだはソワソワしてしまう。

映画のない人生なんて

　インドに暮らしはじめて間もないころ、映画館が怖かった。毒どくしい手書き看板が立ち並び、あたりには油菓子と小便の臭いが漂う。音の割れたスピーカーが挿入歌をがなり立て、男たちが押しあいへしあい列をなす。みな、炎天下をものともしない。行列を乱せば見張りの警官の棍棒《こんぼう》が飛んでくる。まるで家畜だ。そこは外国人がおいそれと足を踏み入れてはいけない場所のように見えた。

　インドではじめて映画を観たのは十七歳のとき。小さな農村に暮らしていたころだ。ある日、若い友だちに誘われるまま、乗り合いバスで隣町へ行った。劇場は煉瓦《れんが》づくり。小ぶりな体育館ほどの空間で、すわりの悪いパイプ椅子がずらっと並んでいた。野良《のら》仕事帰りの男たちが、腰布をたくしあげてくつろぎ、葉巻ビディーの煙をくゆらせている。

　バリバリと爆音ノイズとともにはじまった映画は、単純明快、勧善懲悪《かんぜんちょうあく》の物語。大げさな演技と効果音。言葉がわからなくたって十分楽しめる。ヒーローが悪人をこてんぱんにやっつけると、拍手指笛歓声で映画の音なんて聞こえない。まるでコンサートみたいだ。物語のクライマックス、おもむろにスクリーンのまわりに備え付けられた電飾がピカピカ光った。たまげた。あっという間の三時間。外に出て、太陽を浴びると生まれ変わったような気がした。こんなに楽しいものをずっと知らなかったなんて！

それからぼくは自分でもどうかしていると思うほど、インド映画にはまってしまった。お気に入りのスターができ、美しいヒロインたちに恋いこがれ、挿入歌をたくさん覚えた。ろくに言葉もわからないのに、気に入った作品があれば、何十回も劇場に通った。難しい台詞やシーンは、まわりの観客に訊けば、しつこいくらい丁寧に解説してくれた。映画のない人生なんて、ミルクのないチャーイみたい、とだれかが言った。そのとおり。映画の話さえすれば、会ったばかりの人ともすぐ友だちになれた。

あるとき、旅先の町でお腹を壊したぼくは、すっかり食欲を失っていた。スパイスや油が受けつけず、消化によいものを自炊して食べたかったが、台所を貸してくれるような知り合いもいない。ぼくはわらにもすがる気持ちで、食堂のテーブルで歌をうたってみせた。

「♪塩よりうまいものはない　それがわかれば馬鹿じゃない」

椅子に座るなり、メニューも見ず、カンナダ語映画の歌をうたう珍妙な日本人にウエイターもコックも大笑い。あの映画もこの映画も観たよ、と映画談義に花が咲き、それに乗じて厨房に入り、料理をさせてもらった。自分でつくったスープとお粥《かゆ》を食べ、お腹の調子はすっかりよくなった。

ぼくにとって映画は体験であり言葉だ。音楽がそうであるように、ひとつひとつの映画の思い出には、人や場所、そのときの気持ちがぎゅっと染みこんでいる。

二〇〇〇年を過ぎたあたりから、インドの都市の風景が変わりはじめた。街のいたる所に立体交差がつくられ、雨後の竹の子のように大型ショッピングモールが次から次へと建った。モールの最上階にシネコンができる一方で、下町に群生していた昔ながらの映画館はどんどん取り壊されていった。上映される映画の内容も変わった。勧善懲悪は流行《はや》らなくなり、都市型の自由な恋愛や、大学生の青春を描いたもの、同性愛やエイズなど社会問題を題材にした見ごたえある作品も増えてきた。お約束のダンスシーンがなくても脚本がよければヒットする。映像技術はハリウッドの下請けで培われ、世界を見回しても高いレベルになった。

そんないまどきのインド映画の質には、文句のつけようもない。シネコンはふかふかのシートにエアコン完備、全席禁煙。チケットもネットで予約できるから、炎天下、汗をかいて列に並ぶこともなくなった。無邪気に歌い踊り、ヤジをとばす客もなく、みんな静かに画面に観入っている。

でも、何かが足りない。かつての映画館で味わった得も言われぬワクワク感がここにはない。せめてもの救いは、上映中も堂々と携帯電話で話しつづけるマナーの悪い客か。

「ああ、いま映画観てるんだ。どんな映画かって……？」

周囲をはばかることもなく、映画のあらすじを電話に向かってしゃべりはじめる男。ここはお前の家の居間じゃないぞ、と思いながらも、彼のあまりのリラックスぶりは微笑ましくもある。映画館は、これくらいのデタラメがいいと思う。

世界で一番歌が好き

「うちでご飯を食べない？」

友人の家に招かれた夜のこと。奥さんの手料理をたらふくいただき、家族の写真アルバムを見て、日本への質問タイムもつつがなく終わり、まったりしていると、おもむろに家族のだれかが歌いはじめる。

往年のフィルムソングや、ヒンドゥー教の賛歌、土地の民謡が次々飛びだす。流行りの欧米ポップスを歌う若者たち。食事の間は始終入れ歯をフガフガさせていたおじいちゃんが思わぬ美声を響かせる。調子にのったお父さんによる、映画スターのものまねメドレー。使用人のおばちゃんが素朴に歌う民謡にホロリ。みんな歌いたくてしょうがない。歌が歌を呼び、お茶の間は大盛り上がりだ。

歌が家族をひとまわりすると、みんなの視線がぼくに集まる。

「さあ、次は君の番だ」

「日本の歌をうたってよ！」

この流れは、ぼくがはじめてネパールを訪れた九歳のときから、まったく変わらない。みなさんのように歌がうまくないから……と辞退するが、お母さんがガッチリと腕を掴《つか》んで逃がさない。

「子どもの歌でもいいのよ。聴いてみたいわあ」

はしゃぐ次男坊が助け舟のつもりで、

「なんなら、国歌でもいいから！」

と口走る。自らの手で独立を勝ちとったインド人にとって、国歌は特別な意味をもつ。国歌が流れればだれかが促《うなが》さずとも起立して、みな高らかに歌いだすのだ。でも、さすがに南インドの一般家庭で「君が代」を歌うのはなあ……。そもそも、全部歌いきれるかさえも、ビミョーだ。

結局、お母さんの助言にしたがい童謡「ふるさと」に落ちつく。おずおずと歌いだすと、みな真剣な面持ちでじっと聴いている。緊張のあまり声がうわずるが、なんとか最後まで歌いきる。おなぐさみの拍手がぱちぱち。

「美しい歌ね、よかったわ」

お母さんがフォローしてくれる。歌う前の調子とはだいぶギャップのある雰囲気。どうやらすべったらしい。インド人が語気を強めずに「美しい」と言うのはたいがいイマイチだったとき。映像は悪くないけど、毒にも薬にもならない映画を観たときに「美しい映画だったね。ま、コーヒーでも飲みに行こうか」と言われる。あれと一緒だ。

はじめはいやで仕方なかったこの歌合戦タイムも、インド暮らしが長くなり、人付き合いが多くなるにつれて、楽しめるようになった。いくら拒《こば》んでもどうせ歌うはめになるのだから、最初から盛り上げよう、と開き直ったのだ。

回数を重ねるにしたがって、インドの人にウケがいい曲と悪い曲の違いも見えてきた。

Ｊ－ＰＯＰや歌詞が複雑なものはダメ。童謡でも静かで日本的な情緒があるものはインパクトが薄い。リズミカルな節がくり返される、シンプルでキャッチーな曲がウケる。童謡ならば「かえるのうた」「アイアイ」など。一度聴けばすぐ覚えてみんなで歌える。

そのうちぼくは、口琴《こうきん》や鼻笛などの飛び道具も懐《ふところ》に忍ばせるようになり、いつ一芸を求められても、手を変え品を変え、慌てることなく対応できるようになった。

「すばらしい！　小学校の子どもたちに聴かせたい！」

ＮＧＯをやっている友人の有無も言わさぬ勧めで、ついには現地の小学校でこの素人芸を披露することになってしまった。学校の講堂で何百人という児童を前に楽器を奏で、日本の童謡を歌い教える謎の日本人。演奏後、黒山の子どもたちに囲まれ、差し出されるノートにサインして回る。ぼくはインドでいったい何をやっているのだろう……。

ちなみに妻は人前で歌うのが人一倍苦手だったが、あるころから「南京《なんきん》玉すだれ」という必殺技を身につけた。いつもバッグのなかに玉すだれを携帯して、あなたも一曲！　となったらおもむろに取り出し、「あ、さて、さて〜♪」とやりだす。弥勒菩薩《みろくぼさつ》や鯉《こい》のぼり、東京タワー……と歌とともに形を変えるすだれに拍手喝采《かっさい》。ぼくも一緒に歌い、みなで手拍子を合わせる。百発百中、むかうところ敵なしの大ウケだ。

翌日、お礼の電話をかけると「Hello?」ではなく、「さて〜、さて〜」と嬉々とした声が返ってくる。

「ほかのお土産はいらないから、今度インドに来るときは玉すだれを買ってきてほしい！」

そんなリクエストが友人の口にのぼるようになって、ぼくは焦りを感じはじめた。

インドはアジアの芸能の源流だ。歌もうまく、リズム感のよい彼らが玉すだれを手にしたら、きっとぼくらより盛り上げることができるだろう。各州言語にローカライズされた「天竺《てんじく》玉すだれ」なんて、ぼくだって見てみたい。でも、そうなるとこちらも新しい芸を探さないと……。あれ？　なんだかおかしなことになってるぞ。あんなに歌が苦手だったのに、すっかり巻きこまれ、いまじゃ自ら率先《そっせん》してネタを探している。

SHOE
PVR
CINEMAS
LITTLE
EE YEAR
COFFEE YEAR

Cookie Man
A

PULL

SOLES

Ⅲ

空から降ってきたものは？

スーパーで買い物を終え、手さげ袋をぶらぶら帰路につく。路地から路地へ住宅街をジグザグ進む。この十数年間何度も行き来したおなじみの道。日差しは強いが、乾いた風が心地よい。ちょうど昼どき。食堂の前から、おいしそうなミールス（定食）の匂いが漂ってきて、猛烈にお腹がすいてくる。お昼はなにをつくろうか、どこかの店でビリヤーニー（炊きこみご飯）をテイクアウトするのもいいな……なんて考えながら歩いていると、突然、頭の上に看板が落ちてきた。

あまりの衝撃に頭をおさえ、しゃがみこむ。血は出ていないか、あちこち触って確かめる。

人が集まってきて、あっという間にとり囲まれる。目の前には巨大な看板がごろんと横たわっている。まさか、これが落ちてきた？　なにが起きたのか理解できない。呼吸を整え、すこしだけ記憶を巻き戻してみる。

食堂を横目でやりすごし、バーの前にさしかかったときだ。びゅうと強めの突風が吹いた。その風に煽《あお》られて軒先に張ってある日除《ひよ》けの布が、真上からフワリと落ちてきた……ように見えた。だが、それは日除けでも、布でもなく、バーの入口の上に掲げられていた、幅四メートル、高さ二メートルはある巨大な看板だった。

表面の板は塩化ビニール製ですこし柔らかいが、フレーム部分はごつい鉄製。なかに蛍光灯が入っていて、夜になるとBar & Restaurantのサインが浮かびあがる。インド全国どの町でも見かけるチープな看板だ。

それが落ちてきたとき、頭の先で感じたのはゴムまりのようなふにゃっと柔らかい感触だった。最初は頭と身体でなんとか支えてみようと試みた。しかし、すぐさま重みに耐えきれなくなって、押しつぶされるようにして軒先に逃げた。ほんの二秒ほどの出来事だが、すべての風景が滑らかなスローモーションで見えた。

人が集まって騒ぎになると、ようやくバーからハゲの店主が出てきた。彼はぼくをちらっと見たが、特段悪びれもせず、大声で若い衆を呼びつけ、店の横に看板を片づけさせた。大人三人でようやく持ち上がるほどのデカブツだ。近所のおっちゃんが「大丈夫？」と話しかけてくる。

「ほんと危なかった。あと数歩早くても遅くても、看板の鉄枠に当たって死んでいたな」

おっちゃんは、ギラリと光る看板の角を指差してから、首の前でチョップのかたちにした手のひらを横一文字に引いて、舌をベロンと出した。万国共通のジェスチャーだ。

屋根に看板を固定していた支柱は飴細工《あめざいく》のようにひしゃげていた。経年劣化した看板が風に煽られた拍子にもげて落ちたのだろう。古い看板はあちらこちらにあるが、よりにもよって今日ぼくの頭にピンポイントで落ちてくるとは……。

家に帰ってしばらくしたら、首が重たく、じんじんと痛くなってきた。ベッドに横になる。ひどい肩こりと、ムチウチがいっぺんに来たみたい。病院に行ったほうがいいか？　でも、歩くのもしんどい。

スーパーに行く前に薬局で、筋肉痛用の薬草クリームを買っていたことを思い出す。焦って袋から取り出して首筋にベタベタと塗ってみる。過剰なメンソールとスパイシーなハーブが強烈。ひりひりしすぎで、首の痛みも忘れられそうだ。

数年前。バンガロール市内で行き先の違うバスに乗ってしまい、動き出したバスから飛び降りたことがあった。映画ではよく見るシーンだが、ぼくはスターのように華麗《かれい》に着地できず、無惨《むざん》にも地面にたたきつけられた。道路の縁石で頭を打ち、頭は裂け、血は服を染めたが、通りすがりの子どもが近くの病院に連れて行ってくれた。

たどり着いたのは州政府が運営する無料病院。ほかに行くあてがないであろう貧しい病人がずらり。炎天下、たらたらと血を流したまま二時間ほど待たされ、麻酔なしでザクザクと頭を何針か縫《ぬ》われた。

後日、不安になってかかりつけの病院でＭＲＩを撮ってもらった。「異常なし」の結果に心底ほっとしたが、次につづくドクターの言葉に凍りついた。

「打ちどころがよかった！　つい先週同じように道路の縁石に頭を打った人が運ばれてきたけど、その人は下半身不随《ふずい》になったよ」

たまたまで生きている。

それはインドにいても、日本にいても同じこと。けれど、インドの暮らしでは、よりそのことを考えさせられる。

長距離バスで田舎の国道を走っていると、路肩にバスやトラックがよく横転している。見慣れた光景だが、自分が乗っているバスと同じ型の車だと、さすがにヒヤッとする。転がるバスと転がらないバスの違いは、見た目ではほとんどわからない。

近所の燃料店はガス爆発でまっ黒になっていたし、郵便局の前でいきなり炎上した車も見た。連日、新聞には火事やテロで丸焦げになった人の写真がデカデカと載っている。

バンガロールに住んでいた日本人の友人は、二十数年で一〇回以上も交通事故に遭ったそうだ。彼はオートリクシャーで横転するというスタントマンばりの事故も経験しているが、ほんのかすり傷で生還した。別の友人は深夜、見通しのいい道路でひき逃げに遭い、血まみれのまま何時間も放置され、生死の境をさまよった。あと十分発見が遅れていたら助からなかった。

そういうことが身の回りでちょくちょく起こる。単に治安が悪い、事故が多い町だという話ではない。大きな事故も、小さなミスも、日々のささいな選択肢の末に、起こるべくして起きているような気がする。良いことも悪いこともごったまぜ。複雑にからまった縦横の糸と糸の間を、祈りながら、忘れながら、綱渡りのように歩くほかない。

翌日、目が覚めると首や肩の調子は良くなっていた。薬草クリームが効いたのだろう。頭痛もなく、ご飯もおいしく食べられる。

昨日のバーはどうなっているだろう。気になって外に出てみる。

ぼくは目を疑った。

なんと看板はまるで何事もなかったように、屋根の上にかかっていたのだ。なにかと仕事の遅いインドで、こんなに早く直るなんてありえない！　絶対に裏がある。ぼくは言葉通り店の裏側に回ってみて、ぎょっとした。看板は掲げられているものの、折れた支柱はそのまま。子どもの工作みたいに針金でぐるぐる巻きにして、無理矢理固定してあるだけだった。

これじゃ、またすぐに落ちるだろ！　と、ツッコミをいれているのはぼくだけで、道行く人はだれも気にとめていなかった。

音楽はめぐる

インドは音楽に満ちている。

朝夕、寺のスピーカーから流れるヒンドゥー賛歌。木陰で昼寝中のタクシーから漏れてくるラジオ。バスの窓からきれぎれに飛んでくるフィルムソング。祭りの夜、明け方まで演じられる歌舞劇。広場でガラクタを叩いて歌う大道芸人。記憶のなかのどの風景にも美しい音が刻みこまれている。

インドの音楽を聴けば、インドで暮らしていたころの身体感覚にチューニングが合う。だれかのつぶやき、スパイスやお香の匂い、市場のにぎわい。目の端を通り過ぎていった町の細部が、音に触れありありと蘇《よみがえ》ってくる。

九〇年代。十代のぼくは、町のカセットテープ屋さんに入り浸っていた。

当時インドではまだCDは値段が高く、プレイヤーも普及していなかった。田舎町に音楽専門店は少なく、掘っ立て小屋の煙草屋や本屋の一角に流行りの映画音楽のテープを並べて売っていた。ライムソーダを売る手押し屋台に海賊版テープを満載して、町から町へわたり歩く、怪しい商売もあった。

たまにCDを置いている店を見つけて買おうとすると、CDではなく、自家製ダビングテープが差し出された。CDは貴重なマスター音源。欲しくても、法外な値段を呑むか、その店の常連にならないと手にすることができなかった。

「何かいい曲ある？」

インド音楽について何も知らないぼくは、ヤマ勘でジャケ買いをするか、店の人のおすすめに従うほかなかった。ヒットしているフィルムソングは、映画狂の若い友人から教えてもらった。近所の寺からすてきな旋律が聴こえてきたときは、迷わず飛びこんでお坊さんに曲名を訊いた。

そうしてぼくは、新旧の作曲家や歌手、楽器の名前や、音楽のジャンルを知り、めくるめくインド音楽の海に溺れていった。

二〇〇〇年代、ショッピングモールの流行とともに、巨大なフロアに充実の在庫を揃えた大型CDショップがどんどんできた。

ジャンルごとに店員がいて、話し相手にはこと欠かない。みな若いのに勉強熱心で古い音楽もよく聴いていて、ぼくの知らないミュージシャンをたくさん教えてくれた。

カフェ併設の店もあり、ランキングの棚や試聴コーナーは、Tシャツとジーンズ姿の若者たちでにぎわっていた。地方都市発のレーベルや、オルタナティブな音楽雑誌なども次々誕生し、新しい時代の幕開けを感じさせた。

パソコンやオーディオの普及とともに、家庭でCDを楽しむ層もぐっと増えた。価格は一枚一〇〇〇円から三〇〇〇円。テープと変わらないほど安くなった。映画館近くの路地にはMP3や海賊盤CDを売る店が軒を連ねた。カセットテープは売り場から追いやられ、地味な宗教音楽や、古典音楽、民謡の類を売る程度。いつの間にか姿を消した。


ところが、二〇一二年、しばらくぶりにインドを訪れると、なじみのCDショップの様子が変わっていた。品揃えが悪くなり、歯抜けの棚にはTシャツやアクセサリーが置かれている。店員たちはぐっと減らされ、省エネのため照明やエアコンは消されている。客はまばらでシャッターこそ下ろしていないが、死んだも同然だった。あわててほかの店へ回ったが、すでに閉店した店もあり、どこも惨憺《さんたん》たるありさまだった。

「みんなどこでCDを買うの？」

と友人たちに尋ねると、

「もう何年もCDなんて買っていないよ！」

と笑われる。音楽はもっぱらネットか携帯で聴くそうだ。

近所のスクリーン印刷工場や、刺繍《ししゅう》工房にも行ってみた。こういう場所の職人たちはみな古いラジカセで音楽をかけて、黙々と作業をしていたものだ。だが、もはやそこも様変わりしていた。埃をかぶった古めかしいアンプとスピーカーの末端には、小さな携帯電話がつなげられていた。LEDの弱々しい光とともに、作業場にはカンナダ映画の安っぽい音楽が鳴り響いていた。コピーに次ぐコピーで音楽が口コミ的に広まっていったカセット時代と感覚的には何も変わっていないのだろう。YouTubeやFacebookが、音楽通の友だちやショップ店員にとって代わっただけともいえる。

でも、なんだろう、このぽっかりと胸に空いた喪失感は。

ぼくは音楽そのものよりも、音楽のまわりを取り囲む空間や人びとが好きだった。そういう体験を通して音楽に触れてきたんだ、とそのときはじめて気がついた。パソコンや携帯端末からあらゆる国の音楽が簡単に取り出せても、そこにいたるまでの物語がない。それはずいぶん貧しい世界のように思えた。

うちひしがれたぼくは、行くあてもなく街をうろつき、いつの間にかショッピングモールに足を踏み入れていた。モールには本屋とCDショップが一体化した、ちょうど日本のTSUTAYAみたいなサイズの書店がある。売れ筋ばかりでけして品揃えはよくない。目的外の本には出会えそうもない。帰ろうと踵《きびす》を返したそのとき、レジ近くのコーナーに釘《くぎ》付けになった。

そこにはレコードのジャケットがずらりと並んでいた。映画音楽も古典音楽も揃っていた。バカでかいLPジャケットはかさばって、何十枚も持ち帰れない。なにより値段が高く、CDの五、六倍はする。映画のブルーレイ・ディスクが買えてしまうくらいだ。おのずと狙いを定めて買わなくちゃならない。財布の中身と相談しながら、じっくりレコードを選んだ。

家に帰って開封し、プレイヤーにのせ、針を落とし、音楽を流しながら、ジャケットを壁に並べる。A面B面の切り替えが面倒くさく、懐かしい。ノイズの向こうにインドの空気さえ感じる。データにはないモノ感に顔がにんまりする。

データで音楽を聴くのが普通になればなるほど、インド社会にもきっとその揺り戻しが来るはずだ。小金持ちはレコードを好んで聴くようになり、数年後には古いカセットを集めだすかもしれない。

ヒンドゥーにはユガという時代のとらえ方がある。西暦とはまったく別の尺度だ。数万年をひとつの時代とし、四つの時代がひと巡りするとまた最初の時代に戻る。現代はカリ・ユガ（暗黒時代）だが、途方もない時間のあとに、再びサティア・ユガ（黄金時代）がやってくると信じられている。

時代はくり返される。レコード、カセット、CD、データと、音楽メディアも輪廻《りんね》する、とすれば……。

とりあえず来《きた》るべきカセット新時代のために、横浜の実家に埋蔵されている大量のインド音楽テープを掘り出してみよう。中学生のときみたいにマイベストをつくって友だちにあげるのもいい。お楽しみはこれからだ。

食べなくてもいいじゃない

リンゴーン。バカみたいな音量の玄関チャイムが耳をつんざく。寝ぼけ眼で顔を上げると、窓から差しこむ日差しがだいぶ低い。そうか、昼ご飯をつくって食べたあと、満腹にまかせて、うたた寝しちゃったんだ。

しわくちゃのTシャツを着替えて、ドアを開けると、近所に住むおばちゃんがニコニコ顔で立っている。

「元気？　そこまで買い物にきたついでに寄ったのよ」

こういうとき、来訪の理由はたいした意味を持たない。どんな状況であれ、友人が訪ねてきたら、笑顔でお茶を出さねばならない。

「どうぞどうぞ。お茶でいいかな？」

リビングに招き入れつつ、お湯をわかしに台所へ行こうとすると、

「まあ、おかまいなく。水でもいいのよ」

と、おばちゃんも一緒に台所に入ってくる。制止する間もない。食べっぱなしで、シンクにごちゃっと積み上げたままの皿や鍋を見られてしまう。

「ちょっと疲れてて、昼ご飯の片付けをしてないんだ。散らかっていてごめんなさい」

あわてて言い訳するぼくの声が空々しく響く。おばちゃんは、ふーん、と深いため息をはいてから一言。

「レイジーな主夫だこと。でもそれより、お昼はノンベジ（肉料理）を食べたのね？」

彼女は敬虔《けいけん》なヒンドゥー教徒で、もちろんピュア・ベジタリアン。ヒンドゥーの結婚式を挙げ、マントラ（真言）を諳《そら》んじ、各地のお寺巡りもしているぼくを信心深い真面目な青年だと思って、前々から好意的に見てくれていた。だが、その信用は動かぬ証拠を前に一気に失墜《しっつい》したようだ。

「どんなにマントラを唱えて、お寺を参拝しても、肉を食べたら帳消しだわ」

西日差しこむ台所。お茶がはいっても、お説教は止まず、ぼくはその通りでございます、とこうべを垂《た》れるほかない。

インドの食は、大きく二つに分けられる。ベジタリアン（菜食）か、ノンベジタリアン（非菜食）だ。

高級ホテルのレストランから、屋台のファーストフードまで、その区分けははっきりしている。その両方を提供する店でも、厨房内は区分けされていて、肉類を料理した鍋で、菜食料理をつくることはまずありえない。

とくにピュア・ベジタリアンはルールが厳しく、にんにくや玉ねぎなど刺激の強い野菜や、根菜類を食べないという人もいる。彼らはめったに外食せず、海外旅行のときにはトランクに自家製の保存食をつめこんで行くそうだ。

不特定多数の人が集う場所で、菜食への配慮がないことは恥ずかしいことだし、親しい間柄でも菜食の人の前で肉をもりもり食うことは失礼にあたる。スーパーマーケットでは魚や肉売場が別室になっていたり、囲われていたりするし、肉を買うと中身が見えない黒いビニール袋に入れてくれる。地域やコミュニティにもよるが、一般的に肉食は世間から「隠すべきこと」なのだ。

もちろん、ヒンドゥー教徒全員がベジタリアンというわけではない。

最新の調査によれば、インドのノンベジ人口は全国民の六割を超えたそうだ。都市を中心に消費社会が流れ込み、ファーストフードが蔓延《まんえん》、菜食から肉食へ転向する若者が増えたのも原因のひとつ。もはや「統計上」は菜食が主流ではなくなったのだ。

「日本のお土産はビーフジャーキーで！」という牛肉好きの友人や、豚肉料理がお袋の味という友人もいる。彼らがみなヒンドゥー失格かというと、そんなことはない。

ちなみにぼくは魚や鶏肉は食べるが、牛肉を食べない。そのことを日本で言うと、さまざまな反応が返ってくる。

「お嫌いなんですか？」「インドだから……？」「戒律ですか？」なかには「イスラム教徒でしたっけ？」と的外れなことを訊く人もいる。

十代のほとんどをインドで暮らしていたぼくは、牛肉を日常的に食べてこなかった。羊肉は臭い、と毛嫌いする人がいるが、ぼくにとっては牛肉の臭いのほうがつらい。

数年前、ヒンドゥー教徒に改宗して、牛肉を拒む大義名分ができたが、つまるところ、食は習慣。「戒律」というといかめしいが、ともすれば、流されてなんでもありになってしまう日本のなかで、自分や自分の家だけの小さな習慣をもつのは悪くない。

うちの娘も生まれてからずっと牛肉や牛脂を避けてきたので、幼稚園には弁当やおやつを持参している。園にはイスラム教徒の子どももいて、ハラールを守るために配慮がある。アレルギーの子や、食品の放射能汚染や化学添加物を気をつけている家庭もある。だが一部の保護者からは「そんなわがままを許していいのか」「みな同じものを食べることが大切だ」という声もあるらしい。

医師の診断書がなければ、食べ物の除去や、弁当の持参ができない園もある。小学校で弁当を持ってくるのならば、給食と同じメニューにしてください、と言われ、早朝から献立表通りの弁当をつくっているお母さんもいる。

なんか変だ。自分たちが食べたくないもの、食べられないものを食べない、たったそれだけのことなのに。

インドのとあるＩＴ企業では毎年のように、ベジタリアンの社員たちによる「社食を菜食のみにすべきだ」という運動が起きるという。

日本人はそれを簡単に笑いとばせるだろうか。状況はまったく逆だが、無意識に似たようなことをしてはいないか。

ベジかノンベジか、戒律があるかないか、宗教か思想か、そんなことはちょっとしたラベルにすぎない。一番恐ろしいのは、ほかの人の習慣や考え方に不寛容になってしまうことかもしれない。

かつて暮らしていた家は、すぐ目の前がヒンドゥー寺院。朝夕、決まった時間にスピーカーから、神々を讃える歌が流れていた。

寺の隣には、チキン・パコーラー（鶏の天ぷら）の屋台を営む一家が住んでいた。彼らは朝から何十羽もの鶏をせっせと絞めては、大鍋で茹《ゆ》で、羽をむしっていた。ピュア・ベジタリアンの友人にこの光景を見せたら、恐ろしい、と顔を手で覆うにちがいない。

だが、たとえ肉食を生業にしていても、一家の信心は深く、毎朝、おかみさんは牛糞で玄関先を掃き清め、美しい吉祥文様《きっしょうもんよう》を描いていた。おやじさんは仕込みを終えると、熱心に神様にお祈り。ドーティー（腰布）をたくしあげ、ごつい身体で屋台を引いて、大通りに向かう。

寺院の賛歌と鶏の断末魔の叫びが交互に聞こえる朝の風景は、生きたヒンドゥーのおおらかさそのもの。いまも強くぼくの心に残っている。

ブロークン・イングリッシュ

「インド語を話せるんですか？」

とよく訊かれる。インドにインド語というものはない。州や地方、民族によって異なる言葉が使われている。州言語だけでも二二。細かい言語を数えていくと何百、何千にものぼる。

バンガロールのあるカルナータカ州の言語はカンナダ語。ぼくは日常の単語がすこしわかる程度で、話せるとは言えない。

街には他州出身者がひしめき暮らしている。英語で授業を進める学校も多い。中流層以上では会話が英語のみという家庭もザラにあり、都市での生活は英語だけでこと足りる。

そう説明すると、

「じゃあ、英語ペラペラなんですね」

と言われるがそれも違う。

ぼくは中学英語すら身についてないし、正しい文法も単語も知らない。それでもインドに暮らし、なんとか意思疎通《そつう》ができている。

インド暮らしもまだ日が浅いころ、あるカシミール人家族と友だちになった。

当時紛争地帯だった北インドのシュリナガルから、南インドへ移住してきた彼らは、町で小さな土産物屋を営んでいた。母語はカシミール語だが、生活や商売のためにヒンディー語、英語、テルグ語などを操った。

一家の長女はぼくより一、二歳若かった。美人の多いカシミール地方出身らしく、目鼻立ちくっきりぱっちりの美少女。外国人のぼくに興味を持ったのだろう、ショールの縁から瞳をキラキラと覗かせ、いろいろな質問を投げかけてくる。

ぼくはお近づきになりたい一心で応えようとしたが、彼女の英語は普段ぼくのまわりにいるおっちゃん、おばちゃんたちがしゃべる言葉とちょっと違った。とてもなめらかで、知らない単語ばかり。聞き取れず何度も聞き返していたら、「もういいわ」とピシャリ、そっぽを向かれた。

しょんぼり肩を落とすぼくに、彼女のお父さんが声をかける。

「おー、ともだーちよ」

彼の英語は変なところで母音が伸びる。

「ジャパーンの話をきかせーておくーれ」

イライラしてしまうほどスローテンポだが、慣れると耳に入りやすい。

小さな白い帽子に、だぶだぶのクルターパジャマーという、イスラム教徒らしい装い。ベランダから遠くの岩山を眺め、チャーイをちびちび飲みながら穏やかに話をする。どんな言葉であろうと、恥ずかしがらず、自分の身体のやり方を保っている。それがうらやましかった。

インドでは「I can't speak English」と自己申告する人は少ない。英語がしゃべれない人はのっけから母語でしゃべるし、唇を閉じてしゃべれないことをアピールしたりもする。「I can't...」なんて断り文句を言える人は、多少間違っても気にせず、その人なりの英語をしゃべるものだ。

もちろん、コールセンターやIT企業に勤める人たちの英語は美しく流暢《りゅうちょう》だ。でも、英語を母国語としない人が、みな上手に英語を使いこなす必要はあるだろうか。

ときと場合にもよるけれど、デタラメでのんびりだからこそ、相手が注意深く聞いてくれることもある。他者を受け入れ、下手な自分をよしとする心の余裕。目指すのはこれじゃないか？

そのことに気がついてから、ぼくは町で顔をあわせる人たちの言葉やしぐさの真似をするようになった。

無愛想な郵便局のお姉さん、ふとっちょの床屋、強面《こわもて》の警官、ひょうきんな八百屋……一人ひとりになりきって話すうちに、モザイクタイルが絵をつくるように、ぼくのブロークン・イングリッシュはできあがっていった。

ゆっくり時間をかけて蓄積された英単語には、いずれもこの目で見てきた風景や気持ちがとじこめられている。

「special」という言葉からは高級ホテルのレストランでSpecial ice creamを食べ、お腹を壊した夜のことを思い浮かべる。

「No problem」はいつだってProblemだったし、「2 minutes」は十分以上は待たされる合図。

「1st class」は友人の家の井戸水で挽《ひ》き立てのコーヒーを淹れてもらった朝のこと。

「sweet」はおばちゃんたちが赤ん坊のほっぺたをつまむ指先。

「ready」は町の食堂の湯気、食器がこすれあう音。

「capitalism」はショッピングモールの吹き抜けをジグザグ上るエスカレーター。

「miss you」はインドから日本に届いたシワシワの手紙。

「actuality」は月夜の屋上でビールを傾け、はじまるうち明け話……。

何かを話しているとき、ぼくは口蓋《こうがい》の裏側のあたりで、だれかを思い出している。彼らはいつもそこにいて、自信のないぼくの背中を大丈夫とやさしく押してくれる。


京都に引っ越して、三年が過ぎた。ずっとインドと関東で暮らしてきたぼくにとって、関西の言葉に囲まれる生活は新鮮だ。とはいえ、まだ自分で京都の言葉をしゃべるのは気恥ずかしい。

一方、四歳の娘はすっかり言葉になじんでいる。幼稚園に通うようになって間もなく「ダメ」は「アカン」に、「イヤ」は「イヤや」になった。幼稚園の友だちや先生の口真似をしているのだろう。ときどき、どこでそんな言葉を？　と思うようなコテコテのフレーズが飛び出してびっくりする。

そうか、ぼくもインドでこうして言葉を体得していったんだな。十代の自分を見つけたようでほんわかと嬉しい。

いま、この町から見える言葉の風景はどんなだろう。まずは友人たちの口真似をすることからはじめようか。しくじりを恐れてはいけない。

「おー、ともだーちよ」

あの日のひと懐っこい笑顔を思い出しながら、ぼくは呼びかけよう。

タクシー・ドライバー

ぴかぴかのショッピングモールで買い物を終え、カフェで甘ったるいドーナツをかじる。かばんからスマホをとりだし、アプリを立ち上げると、地図に現在地がぱっと表示される。周囲数キロ圏内にいるタクシーは八台。ＧＰＳでどの車がどの通りにいるのかまでバッチリわかる。一番近くのタクシーの待ち時間は五分。迷わず「RIDE NOW」のボタンをクリックする。

十秒もしないうちに、運転手の名前と車のナンバーがＳＭＳで送られてくる。つづいて、運転手から確認の電話。あとはモールの入口で、車に乗り、行き先を告げるだけ。面倒ごとは一切なく、次の目的地に運んでくれる。

汗と埃と排気ガスにまみれながら、高すぎる！　メーターで！　と大声を張り上げ値段交渉していたのは昔の話。いま、インドの都市には、スマホや携帯で予約する「キャブ」と呼ばれるタクシーが普及している。

かつて、インドを訪れる旅行者の最初で最大の難関は、空港でのタクシー、と言われていた。口八丁手八丁、血走った目の運転手たちがごった返す空港出口ゲートをモーゼの十戒のように突き進まねばならない。左右から客引きの手が伸びてきて、腕や荷物がひっぱられる。

「ヘイ　ジャパニ、どこに行くんだ？」

距離感も金銭感覚も備わっていない日本人はいいカモ。ありえないほどの料金をふっかけられたり、行き先とはまったく違うホテルやお土産屋に連行されたり、みな散々な思いをする。

他のタクシーより言い値の安い運転手がいて、ラッキー、と思って乗ると、降りる直前に「さっき言ったのは一人分の料金だから、全員だと〇〇〇ルピー！」と言い出し大喧嘩になる。

これがインドの洗礼だよ、と訳知《わけし》り顔で言うこともできるが、そういう言い回しはもう十分だ。インドも便利になった。使えるものはどんどん使って、その分もっと美しいインドと出会ってほしい、と思う。

ラッシュアワーや夜間には、メーター料金で行こうとしないオートリクシャーよりも、スマホで呼ぶキャブのほうが結果的に安くあがることもある。

大気汚染の数値は北京の何倍、十数倍といわれるデリーに負けず劣らずバンガロールの空気もひどい。愚直《ぐちょく》にオープンエアなオートリクシャーに乗りつづけていると鼻の穴は真っ黒になり、喉もヒリヒリする。気管支炎か喘息《ぜんそく》になりそうだ。実際、バンガロールに住む児童の六、七割が小児喘息を患《わずら》っているという統計もあるらしい。少なくともタクシーならば窓を閉め、濁った空気をシャットアウトできる。

インドの街は変わった。変化とともに街との付き合い方も変わってくるのは自然なうつろいだ。

映画館の帰り道、流れゆく街の灯りを横目に、市場や商店街の喧騒《けんそう》を耳に、生ぬるい夕凪《ゆうなぎ》に吹かれ、オートリクシャーに揺られているとなんともいえぬ幸福感に包まれて、ついウトウトしてしまう。あの牧歌的な時間はもうないのかと思うと、胸にぽっかりと穴が空いたような気持ちになる。

だが、たとえタクシーを呼ぶ方法がスマホになっても、タクシーやオートリクシャーの運転手とのおしゃべりはあいかわらず楽しい。

「どこの国から？　インドはどう？」

定型文のようなおなじみの会話から、近ごろ流行りの映画や音楽の話題まで。なかには政治や歴史についてハードにぶっこんでくるインテリ運転手もいる。がらっぱちな風体の若いイスラム教徒の運転手に「バーミヤン遺跡の破壊について仏教徒としてどう感じているか」「日本に原爆を落としたアメリカについてどう思うか」と矢継《やつ》ぎ早《ばや》に問われ、面食らったこともあった。

こないだのインド滞在時、バンガロール郊外に住む友だちの家を訪れて、帰り道、いつものようにスマホでキャブを呼んだ。

「どこの国の人ですか？」

乗って間もなく、背中越しに運転手が訊いてくる。五十がらみの白髪まじりで小太りのおじさん。いまどき珍しく折り目のついた白シャツ白ズボンという、正しい運転手のいでたちだ。穏やかな英語が聞き取りやすい。

日本人です、と答えると

「日本人？」

とすっとんきょうな声が返ってくる。

「てっきり東インドかチベットの人かと思いましたよ」

話を聞けば、つい数年前まで、トヨタなどの日系企業で運転手をしていたそうだ。

「日本人はすばらしい。長年勤めてきたけれど、みな紳士的で、私たちにもけして粗末な扱いをしなかった」

日系企業では良い思い出が多かったようだ。フリーの運転手として独立したときには、迷わず日本車を購入した。日本車は高いが、すばらしい技術を集めてつくられていて寿命が長い。サスペンションがどう、燃費がどう……とマニアックな車の話が止まらない。

ぼくも調子に乗って、身の上話をする。十代のころからのインド暮らし、バンガロールでの生活、インドで結婚式をあげてヒンドゥー教徒になってしまったことなどを話すと、いちいち後ろをふり返って驚いてくれる。

「ヒンドゥーから別の宗教に改宗する人はいるけれど、その逆をやってのけるとは！　今日は面白いお客さんを乗せました。私も宗教を替えた人間だからね」

彼は笑ってダッシュボードの上を指さす。そこには小さなガネーシャ神と聖母マリアの絵がちょこんと仲良く並んでいた。

「数年前、家が火事になったんです」

ふいの出火で家はほとんど焼けてしまった。なんとか家族は助かったが、彼自身はひどい大やけどを負った。すぐ救急車で運ばれ、いくつもの病院を回ったが、どの病院も受け入れてくれなかった。

「たらい回しにされました。空きベッドがないからではなく、私が裕福な患者ではなかったせいでしょう」

唯一受け入れてくれたのがキリスト教系の病院だった。すぐに手術室に運ばれ一命こそとりとめたものの、完治するまで数か月間は寝たきりでまったく動けなかった。

辛い入院生活を励ましてくれたのは、教会から来るおばちゃんたちだった。最初はキリスト教に抵抗があったが、彼女らとのおしゃべりは楽しく、讃美歌も歌ってくれた。

病室の窓からは教会の屋根と十字架が見えた。具合が良くなったら、あそこへお礼に行かなくちゃならない。退院後、彼は妻と二人、教会に行き、ヒンドゥーからクリスチャンに改宗した。

「ここがその教会です」

車はいつの間にか古い教会の前の通りを走っていた。なんてタイミングだろう。車窓から見える荘厳な教会に集まる人びとの姿を見て、ぼくはあやうく泣きそうになった。

「私が改宗したことに眉《まゆ》をひそめる友人や親戚もいます。でも、つまるところ、宗教の問題ではなく、人と人です。きっとあなたも、いい人との出会いがあったんでしょう。私にはわかりますよ」

家の前にたどり着き、メーターどおりの料金を支払うと、彼は「ありがとう」と握手の手をさし出した。夜の暗がりで気がつかなかったけれど、改めて間近で見ると、顔には大きなやけどの跡があった。めくれたような肉と皮の間から、いたずらっ子のようにころころとした瞳がキラッと光った。

夕方のラッシュアワー、片道二時間強の小さな旅だったが、まったく長さを感じさせない、美しい長編映画にも勝る時間だった。普段はそんなことをしないのだけど、この日ばかりは思わずチップをあげてしまった。静かで不思議な夜だった。

本書は「みんなのミシマガジン」の連載
「たもんのインドだもん」（二〇一三年四月〜二〇一六年四月）に
加筆修正し、書き下ろしを加えて構成しました。

矢萩多聞
やはぎ・たもん

1980年横浜生まれ。9歳のとき、はじめてネパールを訪れてから、
毎年インド・ネパールを旅する。中学1年生で学校に行くのをやめ、
ペンによる細密画を描きはじめる。1995年から、南インドと日本を
半年ごとに往復し、銀座、横浜などで個展を開催。
2002年、対談本『インド・まるごと多聞典』(春風社)を刊行。
このころから本づくりの仕事をはじめ、これまでに400冊を超える本をてがける。
2012年、事務所兼自宅を京都に移転。
著書に『偶然の装丁家』(晶文社)がある。http://tamon.in

たもんのインドだもん
2016年9月4日　初版第一刷発行

著　者　　矢萩多聞(文と絵)
発行者　　三島邦弘
発行所　　㈱ミシマ社 京都オフィス
郵便番号　606-8396
京都市左京区川端通丸太町下る下堤町90-1
電　話　　075(746)3438
ＦＡＸ　　075(746)3439
e-mail hatena@mishimasha.com

装　丁　寄藤文平・鈴木千佳子(文平銀座)
印刷・製本 (株)シナノ
組　版　(有)エヴリ・シンク

ＵＲＬ　http://www.mishimasha.com/
振　替　00160-1-372976　ISBN978-4-903908-81-6